BEI GRIN MACHT SICH IHR
WISSEN BEZAHLT

- Wir veröffentlichen Ihre Hausarbeit,
  Bachelor- und Masterarbeit

- Ihr eigenes eBook und Buch -
  weltweit in allen wichtigen Shops

- Verdienen Sie an jedem Verkauf

Jetzt bei www.GRIN.com hochladen
und kostenlos publizieren

Sokratische Gesprächsführung, Empowerment und Anwendung des lösungsorientierten Beratungsansatzes auf das Phasenmodell nach Culley (2002)

Bibliografische Information der Deutschen Nationalbibliothek:

Die Deutsche Nationalbibliothek verzeichnet diese Publikation in der Deutschen Nationalbibliografie; detaillierte bibliografische Daten sind im Internet über http://dnb.d-nb.de abrufbar.

ISBN: 9783346879332
Dieses Buch ist auch als E-Book erhältlich.

© GRIN Publishing GmbH
Trappentreustraße 1
80339 München

Druck und Bindung: Books on Demand GmbH, Norderstedt Germany
Gedruckt auf säurefreiem Papier aus verantwortungsvollen Quellen

Das Buch bei GRIN: https://www.grin.com/document/1359229

Einsendeaufgabe

Klinische Psychologie II – Gesundheitsförderung und -beratung

Alternative C

Sokratische Gesprächsführung, Empowerment,

der lösungsorientierte Beratungsansatz angewendet

auf das Phasenmodell nach Culley (2002)

SRH-Fernhochschule – The Mobile University

abgegeben am: 04.01.2023

Studiengang: B. Sc. Psychologie

Inhaltsverzeichnis

Abkürzungsverzeichnis

Abb.	Abbildung
AIB	Ambulante Intensive Betreuung
Bspw.	beispielsweise
d. h.	das heißt
DGfB	Deutsche Gesellschaft für Bildung
KISKO	Konflikte in Klassen kommunikativ lösen
MRI	Mental Research Institute
o. J.	ohne Jahr
S.	Seite
Sog.	sogenannt
SPRINT	Gesundheitsförderung für sozial benachteiligte junge Menschen
u. a.	unter anderem
WHO	World Health Organization
z. B.	zum Beispiel

Tabellenverzeichnis

Abbildungsverzeichnis

1   Aufgabe 1

1.1   Sokratische Gesprächsführung

Der sokratische Dialog kann im Allgemeinen als eine Disputationsmethode zur Reflexion und Prüfung eigener Normen, Vorurteile und Gedanken, beschrieben werden. Zudem kann mit dieser Methode das eigenverantwortliche Denken gefördert werden (Stavemann, 2005, S. 270). Die Technik wurde in der Antike von Sokrates und seinem Schüler Platon entwickelt. Deren Lehre visierte das Erreichen einer Übereinstimmung zwischen Handeln und Wissen sowie die Förderung selbstbestimmten Denkens und Handelns (Mattejat & Pauschardt, 2009, S. 182) an. Platon bezeichnete die Methode als Mäeutik, bzw. „Hebammenkunst". D. h., dass der Weg zur Erkenntnis durch insistierenden Fragen begleitet wird (de Jong-Meyer, 2018, S. 503). Durch die Disputationsmethode soll ein Zustand der inneren Verwirrung geschaffen werden, der grundlegend für das Finden eigener Lösungen und deren Umsetzung zur Änderung darstellt (Steil & Stangier, 2012, S. 110). Die Verwirrung, und dahin gehend auch die gestiftete Unsicherheit, sei wegweisend für Änderungsprozesse (Stavemann, 2005, S. 270).

Der in der Philosophie verankerte sokratische Dialog wird heute u. a. in der Psychotherapie und der Beratung eingesetzt. Stavemann (2005, S. 270) definiert die sokratische Gesprächsführung im klinischen und beratenden Kontext als eine in Phasen ablaufende Dialogtechnik, bei der der Therapeut konkrete naive Fragen an den Patienten stellt, um bisherige Sichtweisen zu reflektieren sowie Widersprüche und Mängel herauszustellen. Dass Ziel dieser Technik ist es, dem Patienten auf der einen Seite das selbstständige Erkennen dysfunktionaler Ansichten und auf der anderen Seite funktionale Erkenntnisse zu ermöglichen. Dadurch soll der Patient erlernen, ein widerspruchsfreies, selbstbestimmtes und eigenverantwortliches Leben zu führen. Gemäß Lutz & Bittermann (2012, S. 111) ermöglicht der sokratische Dialog:

1. das Definieren von Problemen im Sinne einer belastenden Überzeugung,
2. das Klären der resultierenden Konsequenzen,
3. das Aufzeigen von Beweisen für und gegen das Zutreffen der Überzeugungen,
4. das Abwägen von Pro und Contra sowie
5. das Treffen neuer Bewertungen.

Im Speziellen kann der Dialog für verschiedene Bereiche eingesetzt werden, wie z. B. das Sammeln verschiedener Lösungsalternativen, das Abwägen von Alternativen, die Bewertung von Konsequenzen, das Aufzeigen von Verzerrungen, das Prüfen zugeschriebener Bedeutungen, die Neubewertung subjektiver bedrohlicher Situationen, die Verantwortungsübernahme für Situationsausgänge, Stabilitätsannahmen sowie die Selbsteinschätzung zu überdauernden Eigenschaften (de Jong-Meyer, 2018, S. 504).

Die Aufgabe des und der Therapeut:in ist es dabei, eine respektvolle, achtende und empathische Haltung einzunehmen. Bewertende Äußerungen, Debattieren und Belehrungen sollen vermieden werden, da der Fokus auf das eigenständige Erschließen neuer Einsichten seitens des oder der Patient:in liegt (Lutz & Bittermann, 2012b, S. 110).

Je nachdem, welches spezifische Ziel mit der Dialogtechnik verfolgt wird, werden unterschiedliche Fragen eingesetzt. Es werden drei übergeordnete Zwecke differenziert: explikativ, normativ und funktionale. Explikative Fragen werden zur Klärung von Begriffen eingesetzt. Ethische und moralische Normen und Werte werden mittels normativen Fragen überprüft. Funktionale Fragen gehen darauf ein, ob und wie Ziele erreicht werden können (Mattejat & Pauschardt, 2009, S. 182).

Zweck	Fragestellung	Beispielfrage
explikativ (Begriffsbestimmung)	„Was ist das?"	• Was ist Vertrauen? • Was ist moralisch? • Was ist ein sinnvolles Leben? • Was ist Liebe?
normativ (Normen und Werte überprüfen)	„Darf ich das?"	• Darf ich lügen, wenn ich Vorteile davon habe? • Darf ich abtreiben?
funktional	„Soll ich das?"	• Soll ich abtreiben • Soll ich mich trennen?

Tabelle 1: Arten der sokratischen Gesprächsführung

Quelle: eigene Darstellung in Anlehnung an (Stavemann, 2005, S. 251–252)

In allen Dialogtechniken werden verschiedene Disputationstechniken zur Zielverfolgung angewendet. Für das Klären normativer Fragestellungen können die vier folgenden Disputationstechniken eingesetzt werden. Empirisches Disputieren wird verwendet, um Behauptungen hinsichtlich ihres Wahrheitsgehaltes und Realitätsbezuges zu prüfen. Schlussfolgerungen aus Beobachtungen aus Alltagsbezügen werden mittels des logischen Disputierens auf Logik und Widerspruch geprüft. Zur Entscheidungsfindung kann hedonistisches Disputieren eingesetzt werden. Dabei wird geprüft, ob die Entscheidung der Verfolgung langfristiger Ziele dient oder ob Widersprüche zwischen den kurz- und langfristigen Zielen bestehen. Zur Evaluation, ob eine Entscheidung oder Handlung ethisch-moralischen Grundsätzen entspricht, findet das normative Disputieren Anwendung. Eine weitere Technik, die insbesondere im explikativen Dialog Verwendung findet, ist die Regressive Abstraktion. Dafür werden zunächst Eigenschaften des zu definierenden Begriffes gesammelt und zusammengefasst. Anschließend werden diese unter Beachtung der Notwenigkeit auf wesentliche Kriterien reduziert, aus denen sich die Definition ergibt (Stavemann, 2005, S. 271).

Der sokratische Dialog erfolgt strukturhaft und prozesshaft. Je nach Dialogform unterscheidet sich der Ablauf in einigen Punkten (Stavemann, 2005, S. 272). Der allgemeine Ablauf des Dialoges erfolgt in sechs Schritten.

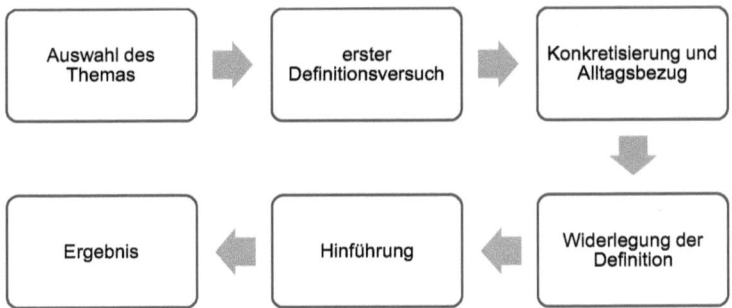

Abbildung 1: Ablauf des sokratischen Dialoges

Quelle: eigen Darstellung in Anlehnung an (Mühlig & Poldrack, 2011, S. 556)

Im Rahmen der kognitiven Therapie beginnt ein sokratischer Dialog mit der Auswahl eines spezifischen Themas. Anschließend versucht der oder die Patient:in das gewählte Thema zu definieren, zu konkretisieren sowie einen Bezug zum Alltag herzustellen. Durch den oder die Therapeut:in angeleitet, werden logische Widersprüche aufgezeigt (Disputation). In dieser Phase soll der oder die Patient:in einen Zustand der inneren Verwirrung erreichen. Im vorletzten Schritt wird gemeinsam nach einer zielführenden und funktionalen Definition gesucht. Zum Schluss wird das

Ergebnis des Dialogs evaluiert und gegebenenfalls eine erneute Prüfung der Definition durchgeführt (Mühlig & Poldrack, 2011, S. 556).

1.2 Beeinflussung von Resilienz und Stressoren durch die sokratische Gesprächsführung

Zunächst werden die Begriffe *Resilienz* und *Stressor* begrifflich eingeordnet, um im Anschluss auf die Frage einzugehen, inwieweit mittels des sokratischen Dialoges die beiden Faktoren beeinflusst werden können.

Resilienz leitet sich aus dem lateinischen Begriff *resilire* ab und kann als „zurückspringen" bzw. „abprallen" übersetzt werden (Jansen, 2022, S. 43). Gabriel (2005, S. 207) definiert Resilienz als eine „Widerstandsfähigkeit gegenüber belastenden Umständen und Ereignissen", die das Gegenstück zur Vulnerabilität darstellt. Die Resilienzforschung befindet sich noch im Wandel, so wurde Resilienz anfangs als statische Persönlichkeitseigenschaft eingestuft. In den letzten Jahren wird jedoch vermehrt von einem Prozess, genauer von einem Anpassungsprozess an Stressoren, gesprochen (Frey, 2016, S. 161; Kunzler et al., 2018, S. 747).

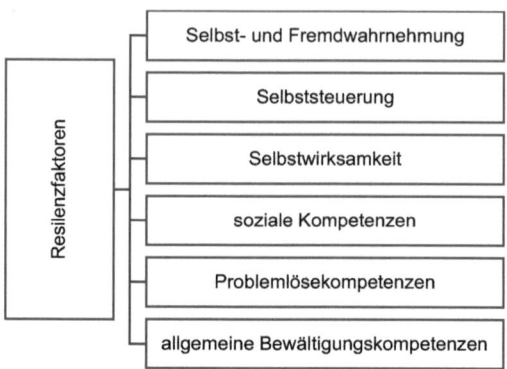

Abbildung 2: Resilienzfaktoren

Quelle: eigene Darstellung in Anlehnung an Fröhlich-Gildhoff & Rönnau-Böse, 2020, S. 38

Resilienz ist situationsabhängig und variabel. Sie kann gemäß Fröhlich-Gildhoff & Rönnau-Böse (2020, S. 38) in sechs Faktoren untergliedert werden, die Selbst- und Fremdwahrnehmung, die Selbststeuerung, die Selbstwirksamkeit, soziale Kompetenzen, Problemlösungskompetenzen sowie allgemeine Bewältigungsstrategien. Neben den Resilienzfaktoren an sich wirkt sich auch die Wahrnehmung dieser, des Stressors sowie der Schutz- und Risikofaktoren auf die Ausprägung der Resilienz aus (Frey, 2016, S. 158–161).

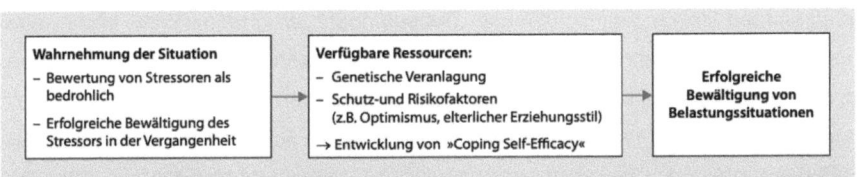

Abbildung 3: Entstehungsmodell von Resilienz

Quelle: (Frey, 2016, S. 161)

In dem von Frey (2016, S. 161) entwickelten Entstehungsprozessmodell der Resilienz werden drei Prozessstufen unterschieden: (1) die Wahrnehmung der Situation, (2) die Verfügbarkeit und Aktivierung der Ressourcen und anschließend (3) die erfolgreiche Bewältigung. Bevor Ressourcen aktiviert werden können, muss die Situation zunächst als bedrohlich bewertet werden. Anschließend werden alle verfügbaren Ressourcen zielgerichtet eingesetzt, um dem Stressor entgegenzuwirken.

Stress beinhaltet zwei konkrete Faktoren, den Stressauslöser (der sog. Stressor) sowie die Stressreaktion. Demnach kann Stress als ein durch einen oder mehrere Stressoren ausgelösten Spannungszustand beschrieben werden. **Stressoren** können intrinsisch oder extrinsisch ausgelöst werden und führen zu einer Anpassungsreaktion des Organismus. Stressoren können aus drei verschiedenen Bereichen entstehen, aus der physikalisch-technologischen Umwelt, dem sozialen Umfeld sowie ausgehend von der Person selbst (Siegrist, 2018, S. 81). Ausgehend vom transaktionalen Stressmodell nach Lazarus entsteht Stress, wenn eine Situation als belastend bewertet wird. Im Anschluss daran werden, ähnlich wie im Entstehungsprozess der Resilienz, Ressourcen und vulnerable Faktoren geprüft und in Abhängigkeit derer Bewältigungsstrategien eingesetzt. Je nachdem wie erfolgreich die Situation bewältigt wurde, resultieren entsprechende kurz- und langfristige Konsequenzen (Semmer & Zapf, 2018, S. 27–29).

Durch den sokratischen Dialog kann dem Individuum bewusstwerden, dass verschiedene Situationen aus unterschiedlichen Perspektiven betrachtet und dementsprechend auch vielfältig bewertet werden können. Sowohl im Entstehungsprozess der Resilienz als auch von Stress steht die Wahrnehmung und Bewertung der Situation an erster Stelle. Gemäß de Jong-Meyer (2018, S. 504) können sokratische Fragen eingesetzt werden, um einerseits Neubewertungen vorzunehmen sowie zugeschriebene Bedeutungen zu prüfen. Wird bspw. eine anstehende Prüfung als belastende Situation bewertet, kann explikativ geprüft werden, ob die Person das Prüfungsergebnis als Indikator für ihren Wert heranzieht. Weiterhin kann durch gezielte Fragen aufgezeigt werden, ob die Person bereits vergleichbare Prüfungen erfolgreich bewältigt hat und welche Copingstrategien damals eingesetzt worden sind. Für den Fall eines schlechten Prüfungsergebnisses können sokratische Fragen eingesetzt werden, um die Zuschreibung der Verantwortung zu klären. So beeinflussten bspw. auch externe Faktoren das Prüfungsergebnis, die bisher vom Prüfling nicht in die Bewertung einbezogen worden sind.

In Bezug auf die Resilienz lässt sich die sokratische Gesprächsführung auf den einzelnen Kompetenzebenen (Abb. 2) gezielt einsetzten. So zählt zu den Indikationsbereichen des sokratischen Dialoges die Überprüfung der Selbsteinschätzung, die auch Teil der Resilienz ist. Weiterhin gehen die Lösungsvorschläge bei dem sokratischen Dialog nicht von dem oder der Therapeut:in aus, sondern werden selbstständig von der oder dem Patient:in erarbeitet (Steil & Stangier, 2012, S. 110). Dies kann unter Umständen zu einer höheren Selbstwirksamkeit führen und die Wahrscheinlichkeit für eine erfolgreiche Bewältigung erhöhen.

Zusammenfassend lässt sich festhalten, dass die sokratische Gesprächsführung zu einer differenzierteren Bewertung von vermeidlichen Stresssituationen führt und die Resilienz hinsichtlich der einzelnen Faktoren positiv beeinflusst werden kann.

1.3 geeignete Beratungssituationen

Der sokratische Dialog findet in verschiedenen Fachbereichen Anwendung. Es wurden Hinweise auf die Verwendung der Technik in den Bereichen der kognitiven

Verhaltenstherapie, der Beratung, im schulischen Bereich sowie im Kontext unternehmerischer Gespräche, wie z. B. Meetings, gefunden (Leisen, 2010; Petermann, 2019, S. 79, Lutschewitz, 2020, S. 30). In der kognitiv-behavioralen Therapie und Beratung werden sokratische Fragen in den Ansätzen nach Ellis, Beck und Meichenbaum integriert (Mattejat & Pauschardt, 2009, S. 182, de Jong-Meyer, 2018, S. 503). Petermann (2019, S. 79) beschreibt die Methode vor dem Hintergrund, dass psychische Störungen durch dysfunktionale Gedanken und Überzeugungen aufrechterhalten werden – als geeignete Methode, um diese „Wirklichkeitsferne" gezielt zu hinterfragen. Demnach ist der sokratische Dialog eine relevante Methode zur kognitiven Umstrukturierung. Aber auch in anderen Bereichen kann die sokratische Gesprächsführung eingesetzt werden, um eigenständig Einsichten in bestimmten Themenbereichen zu erlangen. So z. B. im Kontext des Schulunterrichtes (Leisen, 2010, S. 10). Lutschewitz (2020, S. 30) sieht eine weitere Einsatzmöglichkeit in Meetings, in der der sokratische Dialog als Leitfaden für die Gesprächsführung dienen kann.

2   Aufgabe 2

2.1   Ottawa-Charter der WHO

Auf der ersten Internationalen Konferenz zur Gesundheitsförderung wurde am 21. November 1986 in Ottawa ein Charter veröffentlicht. Mit dem Ziel der „Gesundheit für alle" bis 2000 und darüber hinaus verpflichteten sich die Teilnehmer:innen zur Gesundheitsförderung (WHO, 1986, S. 1). Kaba-Schönstein (2017b) beschreibt die Charter als „Schlüsseldokument für die weitere Entwicklung der Gesundheitsförderung". So wurde aufbauend auf 1986 im Jahr 1997 die Jakarta-Erklärung veröffentlicht. In der Charter wird Gesundheitsförderung als einen Prozess beschrieben, der „allen Menschen ein höheres Maß an Selbstbestimmung über ihre Gesundheit [...] ermöglichen und sie damit zur Stärkung ihrer Gesundheit [...] befähigen" soll (WHO, 1986, S. 1). Gesundheit, ist nach dem Verständnis der WHO, ein „umfassendes körperliches, seelisches und soziales Wohlbefinden", das durch bestimmte Voraussetzungen ermöglicht werden kann. Dazu zählen: Frieden, gute Wohnbedingungen, Bildung, Ernährung, Einkommen, stabiles Öko-System, sorgfältige Verwendung vorhandener Naturressourcen, soziale Gerechtigkeit und Chancengleichheit (WHO, 1986, S. 2–3). Demnach kann Gesundheitsförderung ermöglicht werden, indem die Gesundheitsressourcen und -potenziale auf verschiedenen Ebenen analysiert und gestärkt werden (Kaba-Schönstein, 2017a). Daraus ergeben sich die im Mehrebenenmodell dargestellten Aktionsstrategien und Handlungsbereiche der Gesundheitsförderung:

Ebene	Handlungsstrategie
Politik	gesundheitsfördernde Gesamtpolitik
Gemeinwesen	gesundheitsförderliche Lebenswelten
Institutionen	Gesundheitsdienste neuorientieren
Gruppen	gesundheitsbezogener Gemeinschaftsaktionen
Individuen	entwickeln persönlicher Kompetenzen

Tabelle 2: Mehrebenenmodell der Gesundheitsförderung nach Göpel (o. J.)

Quelle: eigene Darstellung in Anlehnung an (Kaba-Schönstein, 2017a)

2.2 Empowerment

Der Ansatz des Empowerments stammt ursprünglich aus der amerikanischen Gemeindepsychologie. Er findet in vielen Disziplinen, wie der Pädagogik, der Sozialarbeit, der Politikwissenschaft, der Psychotherapie, etc. Anklang (Brinkmann, 2014, S. 269). Auch in der 1986 veröffentlichten Ottawa-Charter zur Gesundheitsförderung der WHO spielt Empowerment eine zentrale Rolle. Gesundheitsförderung beschreibt gemäß der WHO einen Prozess, der „allen Menschen ein höheres Maß an Selbstbestimmung über ihre Gesundheit […] ermöglichen und sie damit zur Stärkung ihrer Gesundheit befähigen" soll (WHO, 1986). Der Begriff Empowerment enthält das englische Wort „power", zu deutsch „Macht". Es soll in diesem Kontext bedeuten, dass das Individuum die Macht im Sinne von Kontrolle hat, Verantwortung für das eigene Handeln zu übernehmen. Der Mensch wird in diesem Ansatz als ein handelndes und aktives Subjekt verstanden (Brinkmann, 2014, S. 268–269).

Brandes & Stark (2021) beschreiben Empowerment als einen Prozess von Einzelnen, Gruppen oder Organisationen, der durch Einbezug personaler und sozialer Ressourcen befähigen soll, das eigene Leben und die soziale Lebenswelt eigenständig zu gestalten. Loss et al. (2016, S. 443) betont den Gewinn an

Verständnis und Kontrolle über die eigenen Lebensbedingungen und die draus resultierende Veränderung des sozialen und politischen Umfelds, um bessere Lebensumstände zu erreichen. Bei der Betrachtung dieses Ansatzes muss zwischen Empowerment des Einzelnen und der sozialen Gruppe differenziert werden. Empowerment des Einzelnen umfasst laut Loss et al. (2016, S. 443) folgende Kompetenzen: Selbstbewusstsein, kritische Haltung gegenüber dem sozialen und politischen Rahmen der Lebenswelt sowie aktives Engagement in der Lebenswelt. Im Kontext der Gesundheitsförderung kann das empowern des Einzelnen auch unter dem Hintergrund der nicht-direktiven und klientenzentrierten Beratung verstanden werden, die dem Individuum zu mehr Selbstbestimmung verhelfen soll (Naidoo & Wills, 2019, S. 166). Der Empowerment-Ansatz ist insbesondere im Bereich der Prävention von großer Bedeutung, denn er legt den Fokus auf vorhandene Stärken und Ressourcen (Brandes & Stark, 2021).

Für die Befähigung von Menschen oder auch Gruppen müssen verschiedene Voraussetzungen erfüllt sein. Zum einen muss der mangelnde Einfluss erkannt und verstanden werden. Für eine Änderungsmotivation muss die Lage als ernst oder bedrohlich eingestuft werden. Weiterhin ist es wichtig, dass die Person oder die Gruppe sich als selbstwirksam erleben, d. h. sie müssen davon überzeugt sein, dass sie mittels ihrer Fähigkeiten etwas bewegen können (Naidoo & Wills, 2019, S. 166).

Sind diese Voraussetzungen erfüllt, können die einzelnen Phasen des Empowerments: die Mobilisierung, das Engagement und die Förderung, die Integration und Routine sowie die Überzeugung, durchlaufen werden. In der ersten Phase muss die Differenz zwischen Ist- und Sollwert wahrgenommen werden, es findet eine Auseinandersetzung mit den negativen Erlebnissen bzw. der Situation statt. Anschließend werden erste Bemühungen zur Veränderung gezeigt. Diese können als Übergang zur zweiten Phase angesehen werden, in der die ersten Aktivitäten stabilisiert werden und ein Austausch mit anderen stattfindet. Die Handlungen werden in der dritten Phase weiter gefestigt und es kommt zu einer Veränderung der Eigen- und Fremdwahrnehmung. Um die Veränderungen nachhaltig zu gestalten, werden die Handlungen transferiert und manifestiert. Ist eine Veränderung erfolgt, bestärkt dies die Person oder Gruppe in ihrer Überzeugung, dass Veränderung möglich ist (Miller & Pankofer, 2000, S. 15).

Das Konzept des Empowerments wird hinsichtlich seiner Uneinheitlichkeit kritisiert. Es gibt daher Bestrebungen, das Konzept zu konkretisieren. Ein Beispiel hierfür ist die Übersicht von Brandes & Reker (2009), die die Ansätze sowie die Wirkungen des Empowerments darstellt.

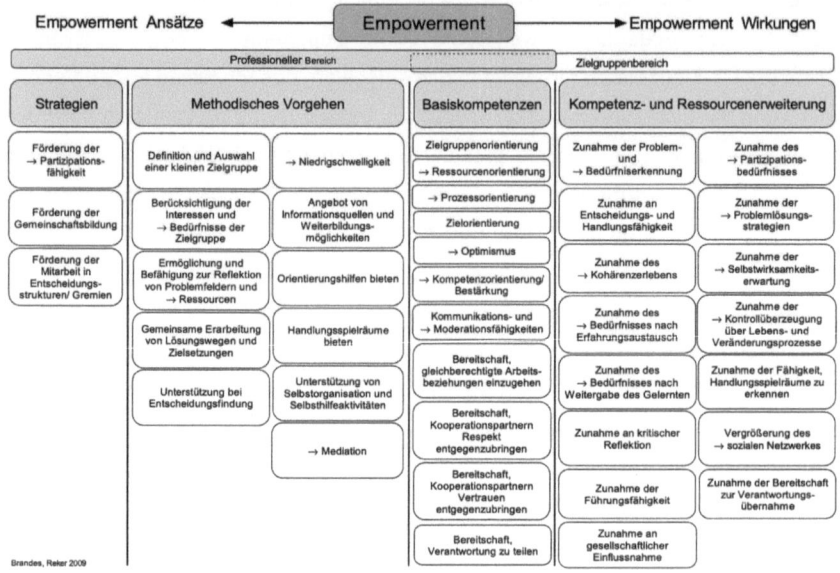

Abbildung 4: Ansätze und Wirkungen des Empowerments

Quelle: (Brandes & Reker, 2009)

Das Modell von Brandes & Reker (2009) beschreibt, wie die einzelnen Ebenen vorgehen und welche Strategien sie zur Förderung des Empowerments einsetzen können. Das methodische Vorgehen stellt eine Herausforderung dar, da nicht zu stark in den Prozess eingegriffen werden darf. Stattdessen müssen die Angebote niedrigschwelliger Natur sein und den Handelnden einen möglichst großen Spielraum lassen. Im Gesundheits- und Sozialbereich wird das Vorgehen auch als „Hilfe zur Selbsthilfe beschrieben" (Naidoo & Wills, 2019, S. 166). Die im Modell aufgelisteten Kompetenzen und Ressourcen können sowohl als Voraussetzung im Rahmen der Basiskompetenzen, als auch als Entwicklungsbereich gesehen werden. Das bedeutet, dass gewisse Kompetenzen notwendig sind, um befähigt zu werden. Gleichzeitig werden diese und weitere Kompetenzen sowie Ressourcen gestärkt bzw. entwickelt (Brandes & Reker, 2009).

2.3 Fünf Kriterien zur Beschreibung des Empowerment

Das Konzept des Empowerment ist noch recht uneinheitlich und mehrschichtig. In diesem Kapitel wird versucht, das Konzept auf Basis verschiedener Forschungsarbeiten anhand von fünf Kriterien zu beschreiben und an Beispielen zu verdeutlichen (Brandes & Reker, 2009; Sageder, 2005; Spreitzer, o. J.).

1. Selbstbestimmung und Kontrolle

Der Empowerment-Ansatz impliziert die Befähigung Einzelner sowie sozialer Gruppen selbstbestimmt zu handeln und die Kontrolle, bspw. über ihren Gesundheitszustand, zu übernehmen. Demnach kann Selbstbestimmung als ein wesentliches Kriterium des Ansatzes beschrieben werden (Sageder, 2005, S. 2, Spreitzer, o. J., S. 1443). Spreitzer (o. J., S. 1443) beschreibt das Kriterium als die Fähigkeit, selbstständig Veränderung zu initiieren und Verhalten zu regulieren. Weiterhin umfasst das Kriterium die Fähigkeit, eigenverantwortlich Entscheidungen zu treffen die dem Ziel, z. B. Gesundheit, dienen (Sageder, 2005, S. 2). Im Projekt „Gesundheitsförderung mit sozial benachteiligten Jugendlichen im offenen Jugendvollzug" (SPRINT) wurde bspw. Versucht, die Selbstbestimmung der Jugendlichen durch die Identifikation und Stärkung von Gesundheitsressourcen sowie sozialen Kompetenzen zu erhöhen. Somit wurde den Jugendlichen ermöglicht, Kontrolle über ihr gesundheitsbezogenes Verhalten zu übernehmen (Loss et al., 2016, S. 444).

2. Kompetenz und Selbstwirksamkeit

Die Befähigung Einzelner und sozialer Gruppen erfordert gewisse Kompetenzen. Brandes & Reker (2009) beschreiben diese als sog. Basiskompetenzen. Dazu zählen u. a. Ressourcen-, Prozess- und Zielorientierung, Kommunikationsfähigkeit sowie Verantwortungsbereitschaft. Kernpunkt des Empowerments ist neben dem Vorhandensein dieser Kompetenzen auch die Überzeugung, dass diese zur Bewältigung oder Zielerreichung wirksam sind (Sageder, 2005, S. 2; Spreitzer, o. J., S. 1443). Dieses Wirksamkeitserleben geht einher mit dem Gefühl, als Einzelperson oder als Gruppe, etwas verändern zu können. Der Prozess des Empowerments ermöglicht auch den Erwerb neuer Kompetenzen und Ressourcen (Brandes & Stark, 2021). Sperlich (2009, S. 36) beschreibt, dass zur Verringerung gesundheitlicher Ungleichheiten bei Frauen im Rahmen psychosozialer Interventionen gezielt das Selbstwirksamkeitserleben sowie interpersonelle Kompetenzen der Frauen gestärkt wurden.

3. Einfluss und Handlungsfähigkeit

Empowerment spielt sich auf der Handlungsebene ab, d. h., Individuen und soziale Gruppen sollen befähigt werden, z. B. zu Gunsten ihrer Gesundheit zu handeln. Spreitzer (o. J., S. 1443) beschreibt diese Einflussnahme als das Gegenstück zur erlernten Hilflosigkeit. Er nimmt an, dass das Gesundheitspotential nur entfaltet werden kann, wenn auf die Faktoren der Gesundheit Einfluss genommen werden kann. Miller & Pankofer (2000, S. 8) beschreiben einen therapeutischen Ansatz von Bauernfeind, bei dem Frauen, die an einer Essstörung leiden, durch die Aktivierung ihrer Ressourcen individuelle Handlungsfähigkeit erlangen sollen.

4. Gruppenorientierung

Sageder (2005, S. 3) beschreibt Gruppenorientierung vor dem Hintergrund des Empowerments als das „Bewusstsein einer Person dafür, dass ihre eigenen Erfolge auch von anderen Menschen abhängen können". Dies bezieht sich auf die Kooperation Einzelner im Kontext eines sozialen Netzwerkes sowie die Stärkung der sozialen Integration (Sperlich, 2009, S. 37). Die Vernetzung mit anderen Personen, die sich z. B. in einer ähnlichen Situation befinden, kann sich förderlich auf die Selbstbefähigung auswirken. Es gibt zahlreiche Beispiele, die die Vernetzungs- und Gruppenerfahrung im Rahmen von Empowermentprozessen beschreiben. Miller & Pankofer (2000, S. 8) verweisen auf das Projekt „Ambulante Intensive Betreuung" (AIB), bei dem Netzwerkförderung bei der Befähigung von verhaltensauffälligen Kindern und Jugendlichen helfen soll. Brandes & Stark (2021) nennen in Bezug auf die Gesundheitsförderung das Konzept „Arbeit am und im sozialen Kontext", bei dem Betroffene ihre eigenen Interessen gemeinsam vertreten. Der Erfahrungsaustausch und Diskussionen, z. B. im Rahmen einer Selbsthilfegruppe, kann die Gruppenmitglieder dazu anregen, einzeln sowie gemeinsam tätig zu werden. Auch Sperlich (2009, S. 41) sieht Frauenselbsthilfegruppen als geeignetes Mittel zur

Bekämpfung der gesundheitsbezogenen Ungerechtigkeit von Frauen. Ein weiteres Beispiel für Gruppenorientierung in Empowermentprozessen ist das Projekt SPRINT, bei dem Jugendliche als „Teamer" ausgebildet werden können, um ihre erlernten Kompetenzen an Gleichaltrige weiterzugeben (Loss et al., 2016, S. 444).

5. Informationsgabe und förderliche Rahmenbedingungen

Der Prozess des Empowerments kann angestoßen werden, indem auf der einen Seite förderliche Rahmenbedingungen geschaffen werden und auf der anderen Seite den Individuen und Gruppen Zugang zu umfangreichen Informationen gegeben wird. Zu Rahmenbedingungen zählen z. B. instrumentelle Hilfen wie geeignete Räumlichkeiten, finanzielle Mittel und Orientierungshilfen. In diesem Kontext wirken sich auch partizipative Methoden wie Zukunftswerkstätten und aktivierende Umfragen positiv auf den Prozess aus. Auch im Rahmen der Gesundheitsförderung wird ein verbesserter Zugang zu Informationen als grundlegend für sog. „patient empowerment" angesehen, da dieser in die Entscheidungs- und Handlungsprozesse einbezogen werden kann (Brandes & Stark, 2021). Miller & Pankofer (2000, S. 8) nennen in diesem Zusammenhang das Projekt „Konflikte in Schulklassen kommunikativ lösen" (KISKO). Dieses sieht die Bereitstellung von themenspezifischen Informationen, in diesem Fall Kennzeichen eines Konfliktklimas und mögliche Interventionsstrategien, als ein zentrales Merkmal zur Förderung des Empowerment in der Jugendsozialarbeit. Auch Sperlich (2009, S. 41) betont die Relevanz von Beratungs- und Bildungsangeboten, wie bspw. Kurse zu Themen wie „frauenspezifische körperliche Erkrankungen", zur Förderung des Empowerments.

3   Aufgabe 3

3.1   Beratung

Die Deutsche Gesellschaft für Beratung e. V. (DGfB) beschreibt zahlreiche Einsatzbereiche, wie z. B. das Bildungswesen, das Sozial- und Gemeinwesen, die Politik, das Gesundheitswesen, etc., in der die Beratung Anwendung findet (Deutsche Gesellschaft für Beratung e. V., 2021; Steinebach & Atria, 2006, S. 16). In der vorliegenden Arbeit soll der Fokus auf der Beratung im psychosozialen Kontext liegen.

Diese findet im einzeltherapeutischen, sozialfürsorgerischen und pädagogischen Feld statt. Sie bedient sich Kenntnissen zahlreicher Fachdisziplinen, wie der Psychologie, Soziologie, Medizin und Sozialarbeit (Schubert et al., 2019c, S. 16). Lutz & Bittermann (2012a, S. 29) definieren Beratung als einen zwischenmenschlichen Prozess, der sowohl der Informationsvermittlung als auch der Förderung der Selbststeuerung, der Handlungskompetenz, der Orientierung, der Entscheidungsfindung sowie der Krisenbewältigung dient. Die DGfB e. V. (2021) beschreibt Beratung weiterhin als eine Leistung die „freiwillig, eingebunden in institutionelle, rechtliche, gesellschaftliche, ökonomische, kulturelle und (berufs-) ethische Rahmenbedingungen" stattfindet. Neben einigen Überschneidungen zwischen der psychologischen bzw. psychosozialen Beratung und der Psychotherapie, wie bspw. der Veränderung hinsichtlich von Lern- und Entwicklungsprozessen und eingesetzten Kommunikationsmitteln zur Zielverfolgung, muss eine klare Abgrenzung erfolgen. Die Beratung ist nicht für die Behandlung psychischer Störungen geeignet. Auch die Kostenträger sowie die Häufigkeit der Sitzungen unterscheiden sich maßgebend (Lutz & Bittermann, 2012a, S. 33–34).

Im Allgemeinen dient die Beratung der Entscheidungs- und Orientierungshilfe für Personen mit klar definierten belasteten oder problembehafteten Lebenssituationen (Lutz & Bittermann, 2012a, S. 30). Schubert et al. (2019b, S. 28–30) beschreibt, basierend auf die Ausführungen von Nestmann (2007), folgende Aufgabenbereiche: (1) die Informationsverarbeitung und Entscheidungshilfe, (2) die Prävention von Problementwicklungen, (3) die Unterstützung bei persönlichem Wachstum sowie (4) die Bewältigungshilfe bei Krisen.

3.2 Lösungsorientierter Ansatz

In der psychosozialen Beratung werden mehrere evidenzbasierte Ansätze verwendet, die sich aus unterschiedlichen therapeutischen Richtungen entwickelt haben. Zu den etablierten zählen u. a., tiefenpsychologisch fundierte, verhaltenstherapeutische, humanistische, klientenzentrierte, systemische sowie ressourcen- und lösungsorientierte Ansätze (Schubert et al., 2019b, S. 63).

Der lösungsorientierte Ansatz kann als eine Untergruppe des systemischen Ansatzes verstanden werden. Die unterschiedlichen Systemebenen der KlientInnen nach systemischen Verständnis finden auch im lösungsorientierten Ansatz Anklang. Zu den Systemen zählen die Selbstorganisation (Klient:in – Selbst), der Zirkularität (Klient:in – sozialer Kontext), der Kybernetik (Klient:in – Berater:in) sowie der Konstruktivismus (Klient:in – Umwelt) (Bamberger, 2022, S. 25). Die Entwicklung des lösungsorientierten Konzeptes stand gemäß Ertelt & Schulz (2015, S. 173–178) unter diversen Einflüssen, wie u. a. von amerikanischen Psychiater und Psychotherapeuten M. Erickson (1902-1980), der seine KlientInnen in den Prozess der Problemlösung aktiv mit eingebunden hat. Als weiterer Einflussfaktor kann der Sozialkonstruktivismus verstanden werden, der die Sinngebung des Individuums in den Fokus stellt. Der Prozess bis zur Sinngebung soll durch die beratende Person unterstützt werden, indem die Potentiale und Verantwortlichkeit für das eigene Leben der KlientInnen mit einbezogen werden. 1958 wurde das Mental Research Institute (MRI) durch Jackson gegründet, welches u. a. ein Projekt über Kurzberatung ins Leben rief. De Shazer war ebenfalls an diesem Projekt beteiligt. Er gründete eine eigenständige Abteilung des MRI, das „Brief Therapy Center" (Ertelt & Schulz, 2015, S. 173–178). Bamberger (2022, S. 13) beschreibt de Shazer als den Begründer der lösungsorientierten Beratung. De Shazer formuliert acht, den Ansatz beschreibende, Lehrsätze, die sich auf vier Systemelemente beziehen: Klient:in, Problem, Lösung und Berater:in.

Lehrsätze der lösungsorientierten Beratung
1. „KlientInnen sind Experten ihres Lebens."
2. „KlientInnen verfügen über vielfältige Ressourcen."
3. „Probleme sind etwas Normales."
4. „Probleme sind nicht die ganze Zeit existent."
5. „Lösung heißt, das, was funktioniert, häufiger zu tun."
6. „Lösung wirkt selbstverstärkend."
7. „BeraterInnen erweitern die Option."
8. „BeraterInnen sind Bewunderer von Autonomie."

Tabelle 3: Lehrsätze der lösungsorientierten Beratung

Quelle: eigene Darstellung in Anlehnung an (Bamberger, 2022, S. 13)

In Kapitel 3.1 wurde beschrieben, dass professionelle Beratung durch einen in Phasen strukturierten Ablauf gekennzeichnet ist. Auch die lösungsorientierte Beratung kann in einzelne Phasen gegliedert werden. Übergreifendes Ziel ist gemäß Bamberger (2022, S. 65) „die persönlichen Kompetenzen und sozialen Ressourcen [eines oder einer Klient:in] zu identifizieren und zu (re)aktivieren", um Herausforderungen und

Problemsituationen erfolgreich zu bewältigen. Die fünf Phasen der lösungsorientierten Beratung sind: Lösungsvision, Ressourcenaktivierung, Zwischenfazit, Handlungsmotivierung und Lösungsevaluation. Die Phasen können jedoch nur erfolgreich durchlaufen werden, wenn zuvor in der Vorphase der Synchronisation eine tragfähige Berater:in-Klient:in-Beziehung aufgebaut wurde (Bamberger, 2022, S. 66). Diese Beziehung gilt gemäß diverser Wirksamkeitsstudien als ein zentraler Prädiktor für den Erfolg einer Therapie und Beratung (Beiling et al., 2020; Pfammatter et al., 2012, S. 20).

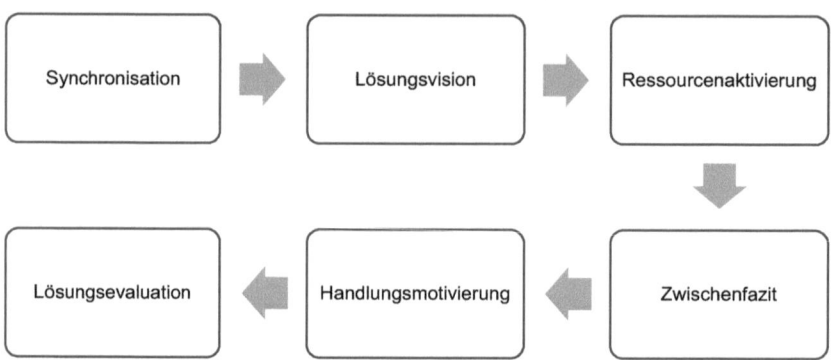

Abbildung 5: Phasenmodell lösungsorientierter Beratung nach Bamberger
Quelle: eigene Darstellung in Anlehnung an Bamberger, 2022, S. 67

Die Phase der Synchronisation dient neben dem Kennenlernen von Berater:in und Klient:in und dem Aufbau einer vertrauensvollen Beziehung, auch dem ersten Erkunden der Problemsituation sowie der Initiierung eines Lösungsantrages. Anschließend werden in der zweiten Phase Optionen für die Lösung mittels Lösungsschlüsseln erkundet. Die dritte Phase legt den Fokus auf die vorhandenen Kompetenzen und Ressourcen der Klient:in. Danach erfolgt eine kurze Zwischenevaluation, mit derer ermittelt werden soll, ob die bisherigen Handlungsschritte in die gewünschte Richtung gehen. Ist dies der Fall, erfolgt die Planung und Durchführung gezielter Schritte in Richtung Lösung. In der abschließenden Phase werden die zielführenden Verhaltensweisen und Handlungsschritte verstärkt sowie die Beratung beendet (Bamberger, 2022, S. 67).

3.3 Anwendung des lösungsorientierten Ansatz auf das Phasenmodell nach Culley (2002)

Professionelle Beratung zeichnet sich durch einen strukturierten Ablauf in verschiedenen Phasen aus. Sowohl der gesamte Beratungsprozess als auch die einzelnen Sitzungen sind genau gegliedert. Im Kontext der qualitativ-empirischen Forschung wurden, in Abhängigkeit des Verständnisses für Beratung, verschiedene Phasenmodelle entwickelt. In der vorliegenden Arbeit soll das von Culley entwickelte Phasenmodell näher erläutert werden. Es handelt sich dabei um ein inhaltlich differenziertes Modell. Dem Modell liegt ein pragmatisch-humanistisches Menschenbild zugrunde. Culley unterteilt den Beratungsprozess in drei aufeinander aufbauen Phasen, die Anfangs-, Mittel- und Endphase. Die Phasen sind in der Theorie klar voneinander getrennt. In der Praxis verschwimmen sie hinsichtlich ihrer Strategien, Ziele und vorausgesetzten Fertigkeiten.

Phase	Ziele	Strategien	Fertigkeiten
Anfang	- Beziehungsaufbau - Probleme werden geklärt und eingegrenzt - Entscheidungsfindung - Arbeitsvertrag	- explorieren - Prioritäten setzen - Grundwerte vermitteln	- „aktives Zuhören" - reflektierende Fähigkeiten - sondieren
Mitte	- Neubewertung von Problemen - Arbeitsbeziehung aufrechterhalten - Hinarbeiten auf den Arbeitskontakt	- Grundwerte mitteilen - herausfordern - konfrontieren - Feedback - Informationen geben - Richtung geben - Selbstmitteilungen - Unmittelbarkeit	kommunikative Fähigkeiten der ersten Phasen
Ende	- Vorbereiten des Wandels - Ausführen von Veränderungen - Transfer in den Lebensalltag - beenden der Beratungsbeziehung	- Entwickeln und setzen von Zielen - Handlungsvorbereitung und -planung - Evaluieren - Veränderungen aufrechterhalten - beenden	kommunikative Fähigkeiten der ersten Phasen

Tabelle 4: Ziele, Strategien und Fähigkeiten der Beratungsphasen nach Culley (2002)

Quelle: eigene Darstellung in Anlehnung an (Schubert et al., 2019a, S. 156–161)

Der lösungsorientierte Beratungsprozess gliedert sich, wie bereits beschrieben, einschließlich der Synchronisation in sechs Phasen. In Bezug auf die Inhalte und Ziele der einzelnen Phasen lassen sie sich den drei Beratungsphasen nach Culley wie folgt zuordnen: Der Anfangsphase ist die Phase der Synchronisation zuzuordnen. Die Lösungsvision, Ressourcenaktivierung und das Zwischenfazit stimmen mit der Mittelphase überein. Die Handlungsmotivierung und die Lösungsevaluation lassen sich in die Endphase einordnen.

Beratungsphasen nach Culley (2002)		Lösungsorientierter Beratungsansatz nach Bamberger (2022)	
1	Anfangsphase	1	Synchronisation
2	Mittelphase	2	Lösungsvision
		3	Ressourcenaktivierung
		4	Zwischenfazit
3	Endphase	5	Handlungsmotivierung
		6	Lösungsevaluation

Tabelle 5: lösungsorientierter Ansatz nach Bamberger (2022) angewendet auf die Beratungsphasen nach Culley (2002)

Quelle: eigene Darstellung (Bamberger, 2022, S. 67, Schubert et al., 2019, S. 156–161)

In den nächsten drei Kapiteln werden die drei Phasen mit Bezug auf den lösungsorientierten Beratungsansatz vorgestellt.

3.3.1 Phase 1 – Anfangsphase

Im Groben basiert die erste Phase auf hermeneutisch-kommunikativen Kompetenzen. Zu Beginn wird versucht, eine tragfähige Beziehung aufzubauen und die Problemsituation zu erfassen. Weiterhin werden gemeinsam erste Arbeitshypothesen erstellt, die u. a. die gegenseitigen Erwartungen und die Motivation für die Problemlösung umfassen. Zu Beginn einer Beratung wird ein Beratungs- bzw. Arbeitsvertrag abgeschlossen, der die Zusammenarbeit zwischen Berater:in und Klient:in sowie die Notwendigkeit der Kooperation und Verantwortungsübernahme seitens der KlientInnen beinhaltet (Schubert et al., 2019a, S. 156–161). Ähnliche Eckpunkte lassen sich auch in der Phase der Synchronisation finden. Laut Bamberger (2022, S. 69–79) wird in dieser Phase der Fokus zunächst auf die Gestaltung der Beziehung gelegt, da dieser u. a. als Grundstein einer erfolgreichen Beratung angesehen werden kann. Dabei soll der/die Berater:in Wertschätzung zeigen und unter der Prämisse, dass Veränderungen immer möglich sind, Optimismus vermitteln. Zudem wird in dieser Phase mit der lösungsorientierten Problemanalyse begonnen, die das Ziel verfolgt, den Grund für die Beratung und erste Erwartungen abzuklären. Im Rahmen eines Kontrakts werden die Anliegen der Klient:innen, die möglichen Interventionen der Berater:in sowie die Kooperation festgehalten.

3.3.2 Phase 2 – Mittelphase

In der Mittelphase (Phase 2), soll nach Culley u. a. die Problemsituationen neu bewertet werden. Dazu wird die Bewertung von Kognitionen, Gefühlen und Wahrnehmungen erfasst und von anderen Seiten beleuchtet. Dieser Prozess der Neukonnotation, können durch den starken Veränderungscharakter unter Umständen für die KlientInnen als belastend erlebt werden. Dennoch ist dieser Schritt notwendig, um die Problemsituation neu zu bewerten, sowie eine neue Perspektive auf die derzeitige Lebenslage zu entwickeln (Schubert et al., 2019a, S. 156–161). In der ersten Phase wird die derzeitige Situation der KlientInnen umfassend erörtert. In der Phase der Lösungsvision sollen die KlientInnen unter Anleitung der/der Berater:in, sich der möglichen Lösung des Problems nähern. Dazu fokussiert sich die Beratung an dieser Stelle auf eine in der Zukunft liegende Situation, in der das Problem gelöst ist, eine sog. Vision der Lösung. Dieser Bezug zum Ziel und zur Lösung führt zu einer erhöhten Motivation der KlientInnen. Teil der Lösungsvision ist bspw. bereits der Wille der Veränderung in Form der Aufnahme einer Beratung. Der/die Berater:in kann die Lösungsvision z. B. durch das Stellen der „Wunderfrage", durch das Anregen einer hypothetischen Lösung, sowie durch perspektivenveränderndes Reframing anregen (Bamberger, 2022, S. 80–95). Dadurch kann das nach Culley beschrieben Ziel des Perspektivenwechsels - weg vom Problem, hin zur Lösung – erreicht werden. Ein weiterer wichtiger Baustein der Problemlösung ist die Ressourcenaktivierung der KlientInnen (Bamberger, 2022, S. 117). Es können interpersonale, intrapsychische, motivationale, potenziale sowie externe, relationale und personale Ressourcen differenziert werden. In der lösungsorientierten Beratung sollen die KlientInnen zur Lösung aktueller und zukünftiger Probleme befähigt werden. Dies wird u. a. durch die Identifizierung und Stärkung der Ressourcen erreicht (Flückiger & Beesdo-Baum, 2020, S. 576). Bevor in der letzten Phase die Maßnahmen zur Problemlösung angewandt werden, soll durch eine Zwischenevaluation geklärt werden, ob der bisherige Verlauf der Beratung sowie die bisherigen Ziele und Interventionen auf beiden Seiten in die gewünschte Richtung gehen (Bamberger, 2022, S. 129–136).

3.3.3 Phase 3 – Endphase

Zum Abschluss sollen gezielte Maßnahmen auf die Problemsituation herausgearbeitet und angewendet, sowie der gesamte Prozess evaluiert werden. Gemeinsam werden Lösungsstrategien erarbeitet, wie z. B. die Veränderung bestimmter Lebensumstände oder Verhaltensweisen. Basierend auf diesen Überlegungen sollen die KlientInnen mit Unterstützung der BeraterInnen die Maßnahmen umsetzen und graduell in den Alltag transferieren (Schubert et al., 2019a, S. 156–161). In Bezug auf den lösungsorientierten Ansatz spielt in dieser Phase die Handlungsmotivierung eine tragende Rolle. Hierbei werden gemeinsam Schritte der Lösungshandlung geplant und durchgeführt. Eine häufig verwendete Methode ist dabei das Aufgeben von Hausaufgaben bzw. das Durchführen von Experimenten, in denen die KlientInnen bspw. besprochene Verhaltensweisen in der Lebenswelt anwenden können. Auch das Operationalisieren des Lösungshandelns ist relevant, um die Wahrscheinlichkeit der Durchführung der Hausaufgaben zu erhöhen. Dies umfasst u. a. eine genaue Beschreibung des Zeitpunktes, der situativen Gegebenheiten, der einzelnen Schritte sowie zu übende Verhaltensweisen. Wurden erste Handlungen in Richtung Lösung umgesetzt, sollen diese im Kontext der Lösungsevaluation besprochen werden. Dabei soll der Fokus auf Verbesserungen liegen. Auch die Verstärkung von Ressourcen spielt in dieser Phase erneut eine wichtige Rolle, da sie das Veränderungsgeschehen positiv beeinflussen. Die Konzentration auf erfolgreiche Verhaltensänderungen und Ressourcen werden als Lösungsverschreibung bezeichnet. Wurde sich dem Ziel der Lösung der Problemsituation ausreichend genähert oder dieses sogar erreicht, soll das Lösungshandeln seitens der Berater:in verstärkt werden, um die Problemlösefähigkeiten der KlientInnen zu bestärken und das Ende der Beratung zu avisieren (Bamberger, 2022, S. 137–172).

Literaturverzeichnis

Bamberger, G. G. (2022). *Lösungsorientierte Beratung: Praxishandbuch* (6., überarbeitete Auflage). Beltz.

Beiling, P., Schmidt, R., Höfler, M., Keller, A., Weidner, K., & Noack, R. (2020). Differentielle Betrachtung des Zusammenhangs von therapeutischer Beziehung und Therapieerfolg in einem tagesklinischen Versorgungssetting. *PPmP - Psychotherapie · Psychosomatik · Medizinische Psychologie, 70*(07), 292–299. https://doi.org/10.1055/a-1033-7695

Brandes, S., & Reker, N. (2009). Empowerment systematisch entwickeln—Ein Hilfsmittel für qualitätsorientierte Teamprozesse. *Gesundheit Berlin, 1.*

Brandes, S., & Stark, W. (2021). *Empowerment/Befähigung.* https://doi.org/10.17623/BZGA:Q4-l010-2.0

Brinkmann, R. D. (2014). *Angewandte Gesundheitspsychologie.* Pearson.

de Jong-Meyer, R. (2018). Kognitive Verfahren nach Beck. In J. Margraf & S. Schneider (Hrsg.), *Lehrbuch der Verhaltenstherapie, Band 1* (S. 499–513). Springer Berlin Heidelberg. https://doi.org/10.1007/978-3-662-54911-7_35

Deutsche Gesellschaft für Beratung e. V. (2021). *Beratungsverständnis der Deutschen Gesellschaft für Beratung e. V. (DGFB)—Kurzfassung.* https://dachverband-beratung.de/pdf/Wissensdokumente/DGfB-Beratungsverst%C3%A4ndnis-Kurzfassung%20(2021).pdf

Ertelt, B.-J., & Schulz, W. E. (2015). Lösungsorientierte Beratung. In B.-J. Ertelt & W. E. Schulz, *Handbuch Beratungskompetenz* (S. 173–243). Springer Fachmedien Wiesbaden. https://doi.org/10.1007/978-3-658-07760-0_4

Flückiger, C., & Beesdo-Baum, K. (2020). Ressourcenaktivierung. In J. Hoyer & S. Knappe (Hrsg.), *Klinische Psychologie & Psychotherapie* (S. 575–588). Springer Berlin Heidelberg. https://doi.org/10.1007/978-3-662-61814-1_23

Frey, D. (Hrsg.). (2016). *Psychologie der Werte: Von Achtsamkeit bis Zivilcourage - Basiswissen aus Psychologie und Philosophie.* Springer.

Fröhlich-Gildhoff, K., & Rönnau-Böse, M. (2020). Resilienzförderung in Kindertageseinrichtung und Grundschule – Konzept und Erfahrungen. *Zeitschrift für Psychodrama und Soziometrie, 19*(1), 35–50. https://doi.org/10.1007/s11620-020-00526-4

Gabriel, T. (2005). Resilienz—Kitik und Perspektiven. *Zeitschrift für Pädagogik,*

51(2), 207–217.

Jansen, P. (2022). Resilienz. In P. Jansen, *Das neue ABC des Studiums* (S. 43–45). Springer Fachmedien Wiesbaden. https://doi.org/10.1007/978-3-658-34942-4_18

Kaba-Schönstein, L. (2017a). Gesundheitsförderung 1: Grundlagen. *Leitbegriffe der Gesundheitsförderung und Prävention: Glossar zu Konzepten*, Strategien und Methoden. https://doi.org/10.17623/BZGA:224-I033-1.0

Kaba-Schönstein, L. (2017b). Gesundheitsförderung 3: Entwicklung nach Ottawa. *Leitbegriffe der Gesundheitsförderung und Prävention: Glossar zu Konzepten*, Strategien und Methoden. https://doi.org/10.17623/BZGA:224-I035-1.0

Kunzler, A. M., Gilan, D. A., Kalisch, R., Tüscher, O., & Lieb, K. (2018). Aktuelle Konzepte der Resilienzforschung. *Der Nervenarzt, 89*(7), 747–753. https://doi.org/10.1007/s00115-018-0529-x

Leisen, J. (2010). Unterichtsgespräch: Fragend-entwickelnder Unterricht, sokratischer Dialog und Schülergespräche. In *Physik-Methodik: Handbuch für die Sekundarstufe I und II* (S. 115–132).

Loss, J., Warrelmann, B., & Lindacher, V. (2016). Gesundheitsförderung: Idee, Konzepte und Vorgehensweisen. In M. Richter & K. Hurrelmann (Hrsg.), *Soziologie von Gesundheit und Krankheit* (S. 435–449). Springer Fachmedien Wiesbaden. https://doi.org/10.1007/978-3-658-11010-9_29

Lutschewitz, C. (2020). Der Sokratische Dialog. In C. Lutschewitz, *Philosophie im Leadership* (S. 29–38). Springer Fachmedien Wiesbaden. https://doi.org/10.1007/978-3-658-32146-8_6

Lutz, W., & Bittermann, A. (2012a). Definition und Grundlagen klinisch-psychologischer Intervention. In W. Lutz & A. Bittermann (Hrsg.), *Klinische Psychologie: Intervention und Beratung*. Hogrefe.

Lutz, W., & Bittermann, A. (Hrsg.). (2012b). *Klinische Psychologie: Intervention und Beratung*. Hogrefe.

Mattejat, F., & Pauschardt, J. (2009). Beratung in der klinischen Psychologie. In P. Warschburger (Hrsg.), *Beratungspsychologie: Mit 24 Abbildungen und 29 Tabellen* (S. 172–202). Springer.

Miller, T., & Pankofer, S. (2000). Empowerment—Eine Einführung. In *Empowerment konkret! Handlungsentwürfe und Reflexionen aus der psychosozialen Praxis* (S. 7–22). Lucius und Lucius.

Mühlig, S., & Poldrack, A. (2011). Kognitive Therapieverfahren. In H.-U. Wittchen & J. Hoyer (Hrsg.), *Klinische Psychologie & Psychotherapie* (S. 543–564). Springer Berlin Heidelberg. https://doi.org/10.1007/978-3-642-13018-2_25

Naidoo, J., & Wills, J. (2019). *Lehrbuch Gesundheitsförderung* (3., aktualisierte Auflage, deutsche Ausgabe). hogrefe.

Petermann, F. (Hrsg.). (2019). Kinderverhaltenstherapie—Methoden und Beispiele. In *Kinderverhaltenstherapie: Grundlagen, Methoden und Anwendungen* (6., vollständig überarbeitete Auflage, S. 77–109). Hogrefe.

Pfammatter, M., Junghan, U. M., & Tschacher, W. (2012). Allgemeine Wirkfaktoren der Psychotherapie: Konzepte, Widersprüche und eine Synthese. *Psychotherapie, 17*(1), 17–31.

Sageder, J. (2005). *Erste Ergebnisse zum Einsatz des Empowerment-Diagnosefragebogens.*

Schubert, F.-C., Rohr, D., & Zwicker-Pelzer, R. (2019a). Beratung als Prozess. In F.-C. Schubert, D. Rohr, & R. Zwicker-Pelzer, *Beratung* (S. 143–182). Springer Fachmedien Wiesbaden. https://doi.org/10.1007/978-3-658-20844-8_5

Schubert, F.-C., Rohr, D., & Zwicker-Pelzer, R. (2019b). *Beratung: Grundlagen, Konzepte, Anwendungsfelder.* Springer.

Schubert, F.-C., Rohr, D., & Zwicker-Pelzer, R. (2019c). Was ist Beratung? In F.-C. Schubert, D. Rohr, & R. Zwicker-Pelzer, *Beratung* (S. 15–32). Springer Fachmedien Wiesbaden. https://doi.org/10.1007/978-3-658-20844-8_2

Semmer, N. K., & Zapf, D. (2018). Theorien der Stressentstehung und -bewältigung. In R. Fuchs & M. Gerber (Hrsg.), *Handbuch Stressregulation und Sport* (S. 23–50). Springer Berlin Heidelberg. https://doi.org/10.1007/978-3-662-49322-9_1

Siegrist, J. (2018). Soziale Stressoren und stressbedingte Erkrankungen. In R. Fuchs & M. Gerber (Hrsg.), *Handbuch Stressregulation und Sport* (S. 79–92). Springer Berlin Heidelberg. https://doi.org/10.1007/978-3-662-49322-9_4

Sperlich, S. (2009). *Verringerung gesundheitlicher Ungleichheit durch Empowerment: Empirische Analyse der Gesundheitseffekte für sozial benachteiligte Mütter* (1. Aufl). VS Verlag für Sozialwissenschaften.

Spreitzer, G. M. (o. J.). Psychologiacal empowerment in the workplace: Dimensions, measurement, and validation. *Academy od management Journal, 38*(5), 1442–1465.

Stavemann, H. H. (2005). Sokratische Gesprächsführung. In M. Linden & M. Hautzinger, *Verhaltenstherapiemanual* (5. vollständig überarbeitete Auflage). Springer.

Steil, R., & Stangier, U. (2012). Basisfertigkeiten klinisch-psychologischer Intervention. In W. Lutz & A. Bittermann (Hrsg.), *Klinische Psychologie: Intervention und Beratung*. Hogrefe.

Steinebach, C., & Atria, M. (Hrsg.). (2006). *Handbuch Psychologische Beratung*. Klett-Cotta.

WHO. (1986). *Ottawa-Charta zur Gesundheitsförderung*.